MI CORAZÓN DE MARGARITA

por Lidieisy Ávalos Pérez

Derechos Reservados

Primera edición – 2026

Índice

Dedicatoria

Para todas las personas con mucho amor y pasión por las margaritas,
este detalle hermoso, mi primer libro,
el cual espero disfruten mucho así como yo,
lleno de sentimientos y emociones que brotan
de un corazón agradecido con la vida.

Síntesis

Mi corazón de margarita es un relato en sentido figurado que habla de la relación e inspiración que ve la autora entre esta hermosa inflorescencia y la vida, utiliza los detalles de la misma para fusionarlas de una manera positiva y alentadora, con mensajes llenos de realismo y ficción invita a los lectores a sumergirse en un mundo paracosmos.

Sinopsis

En cada pétalo hay un suspiro, en cada corazón una historia.

Mi corazón de margarita es un viaje de completa autenticidad por los sentimientos que florecen y se marchitan, por los recuerdos que se transforman en perfume de vida.

Lidieisy Ávalos Pérez nos invita a mirar dentro del alma, allí donde el amor, la pérdida y la esperanza se entrelazan como pétalos que buscan su propio sol.

Un relato figurado que respira belleza y verdad, escrito con la ternura de quien entiende que, incluso en la fragilidad, hay fuerza.

Agradecimientos

Agradezco a la vida por tener la dicha de poder compartir mi libro con ustedes. Sin dudas una hermosa oportunidad por la cual he trabajado mucho, con la que quise brindarles una historia llena de amor y esperanza.

Índice de Ilustraciones

1. Título: Mi corazón de margarita

En esos tiempos donde abundaban las margaritas nació mi niña, la más linda de todas. Su luz hermosa y radiante deslumbró mi alma; esa luz que ya no existe, pero que destella a quien logra percibirla. Ese día marcó mi ser: había llegado al mundo la razón de mi vida, una vida que se sentía vacía y sin propósito por haber creído que las malas decisiones eran el pilar de todo, sin saber y aprendiendo en el camino que las mismas forman parte del largo viaje y permitido de nuestra existencia. Porque, ¿qué vida tan perfecta tienes sin cometer errores? Perfecta es la bendición que Dios nos entrega en forma de procesos, crecimiento o caída según la vista. Mi pequeña flor, mi corazón de margarita: avanza, lucha, su fe es constante no se apaga ni se duerme, se mantiene porque esa es su máxima expresión: su naturalidad, su capacidad de alegrar los días, los meses, los años. La primavera es su estación. La arboleda, los rosales, su jardín la acompañan; jamás estará sola. El viento la mece y la hace danzar, baila con pasos firmes sin salir de su lugar. Su perfume se esparce por doquier, toda una ternura; su delicadeza es genuina. La lluvia es su complemento; el sol, la luna y las estrellas también. Esta flor tan especial para mí, afirmada ya en la tierra y con un brillo sin igual es capaz de caer y levantarse; aunque el suelo árido deje huellas, no parará hasta lograr sus sueños. Crece hierba mala e intenta destacar, pero la magia de las margaritas es otra cosa: humildad e inocencia en su interior, sentimientos heridos que se borran para hacer brotar su verde esperanza. Y así, con el pasar de los días, la niña de mis ojos, mi hermosa margarita, va creciendo, fortaleciendo su tallo y sus raíces, floreciendo como solo ella lo haría: pétalos blancos, aroma puro y delicado, frescura en su esencia. Ella me enamora con intensas ganas de vivir; es fruto del amor en toda su naturaleza.

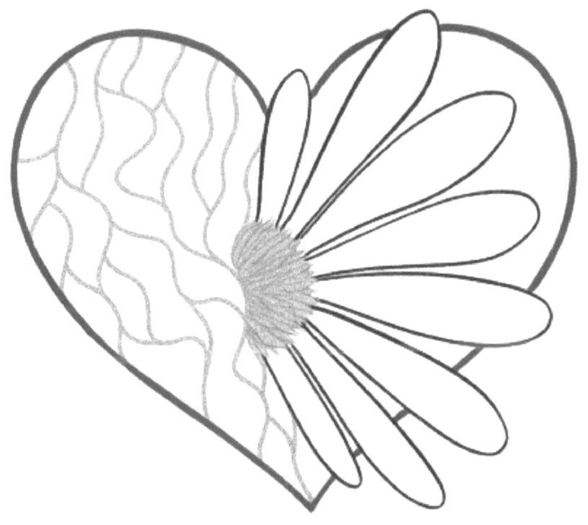

2. Al mirarla entre las demás

Al mirarla entre las demás inflorescencias solo veo sus virtudes; con todos sus defectos sigue siendo bella porque eso forma su carácter. Sus imperfecciones tan perfectas le dan valor y aportan abono para que siga creciendo, para que siga regalando el más valioso de los sentimientos, ese que todos queremos pero que muy pocos arriesgamos para obtenerlo. Por el solo hecho de fracasar limitamos y frenamos nuestro sentir, pero ella no, ella lo entrega todo, da lo que no tiene a pesar de saber que no hay reciprocidad en muchas ocasiones; no le molesta sentirse así con tal de seguir siendo la misma semilla que brotó de la nada y al mismo tiempo del todo. Germinó y ahora valora su vida como un regalo del cielo porque eso es su andar, un presente del cual siempre está agradecida. Al salir el sol en la mañana levanta su corona de pétalos; sabe que un día más es preciado y debe ser aprovechado. No quiere desperdiciar el tiempo en ilusiones; quiere estabilizar sus decisiones y que la fotosíntesis del amor abarque todas sus emociones. Construye el sendero de su generación, disfruta el aprendizaje que le regalan los instantes de alegría, de tristeza, de abundancia y de pobreza; todo es importante en su florecer. Los días de abundante rocío han llegado para ella; está lista, más que preparada. Las abejas y los zunzunes, las mariposas y colibríes revolotean, juegan y admiran la dulzura que brindan sus entrañas; su polen maravilloso y de gran valor es un manjar de positivismo y resiliencia. Porque no siempre fue una flor erguida tuvo sus días, como los tenemos todos: días de soledad suprema fueron aquellos tiempos como una reliquia olvidada en el medio del desierto; sentirse algo inútil, vacía, una flor seca y dañada, así era su espejismo, no su realidad. Algo ilusorio pasaba con ella que frenaba su evolución, como toda flor en el bosque tratando de sobrevivir a las circunstancias existenciales pasó de un total agostamiento a una enorme absorción de madurez; siendo joven se volvió adulta porque aprendió de sus errores, decidió cambiar sin dejar de ser ella: ser flor su mayor destreza.

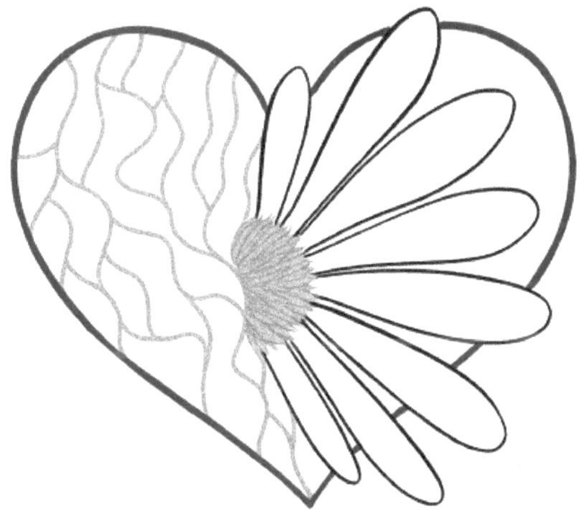

3. Avanzando un poco más

Avanzando un poco más en la misma tierra plantada y dejando marcas de satisfacción se deja ver reluciente la blanca margarita, después de haber sido marchitada por las abrasadoras olas de palabras, esas palabras duras que hieren y desgarran lo invisible pero palpable. Resurge nuevamente su actitud y postura ante todo lo que se le presenta; la sensación de valentía para enfrentar las adversidades es grandemente poderosa. En las mayores pruebas de su vida ha tenido que demostrar de qué está hecha, formada y nutrida del manantial del agua del cielo, bendita hidratación en su corazón de margarita, corazón que no compite con nadie más que ella, muchas veces siendo muy dura consigo misma olvidando que es completamente normal el vivir día a día y que eso es precisamente lo que debe hacer sin preocuparse tan a fondo, pues las cosas cotidianas para disfrutarlas solo hay que abrazarlas sin tabúes y con verdad absoluta.

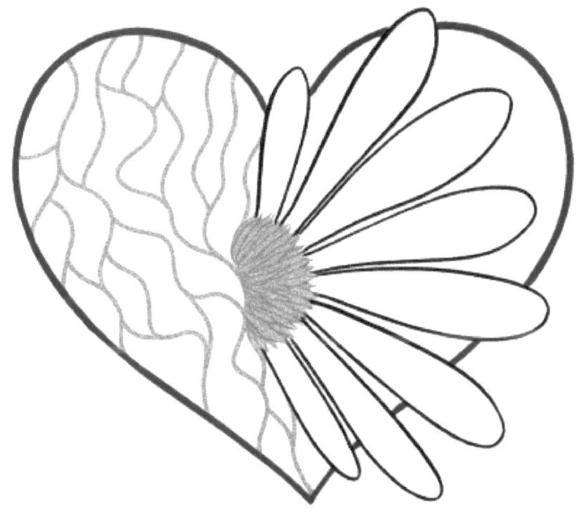

4. Ahora que es más consciente

Ahora que es más consciente, que ha dejado que la toxicidad ambiental no le afecte, tiene más tiempo para enfocarse en su futuro sin olvidar su presente; sabiendo que un día será arrancada para llegar a su máximo esplendor, aprovecha cada segundo, cada fracción de tiempo. Su familia de girasoles, los crisantemos, las dalias, los dientes de león y las gerberas se hermanan profundamente teniendo similitudes y diferencias: algunos con amor otros con odio, algunos con apoyo otros con envidia, algunos con positivismo otros negativos. Lo que sí es real es que el astro Rey sale para todos y entre disculpas y perdones, entre los instantes de felicidad esos que duran poco pero que marcan la eternidad, una inflorescencia es mejor que nada; el saber amarte tal cual siempre será mejor que nada. La aceptación viene de ti, no de los demás; siempre existirán las piedras en el camino, pero es tu decisión dejarte aplastar o renacer aún por encima de ellas.

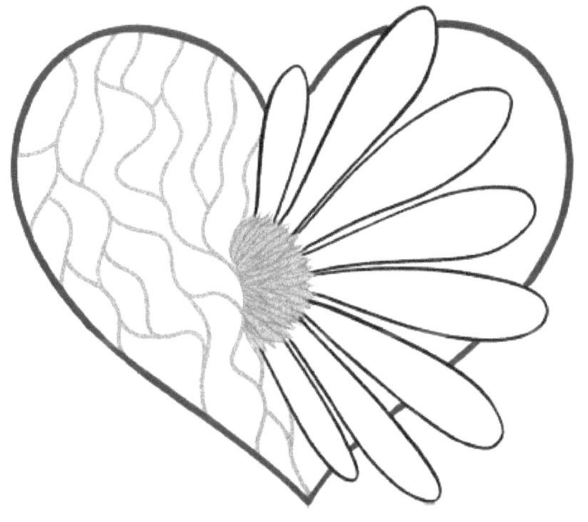

5. Su medio ambiente es

Su medio ambiente es paz y armonía, combinación ideal para las buenas vibras que emanan de su transparencia cristalina; como la puesta de sol en el horizonte que hasta su última vista sigue siendo luz, qué maravilla insólita tener una flor así. Es compuesta para formar su propia estructura, es tan hermosa y compleja: siendo capítulo, agrupa varios episodios que al ser polinizados se marchitan para dar paso a sus frutos, los de su esfuerzo y dedicación por salir adelante. En las praderas junto a las lomas muy cerca de los arroyos siente el cantar de las aves, música celestial que inunda sus hojas de viveza color fuerte y definido; romanticismo y plenitud en su mundo mágico. Ella es feliz a pesar de saber que todo lo contrario es afuera. Quiere pintar sus días de colores como el arcoíris pinta el cielo para impregnar las tonalidades en su hábitat, de esta forma y con un sinnúmero de eventos se hace más soñadora y a su vez realista. Con su espiritualidad como amuleto y adquiriendo la energía gravitacional que le es dada sigue sus metas y sus proyectos, que más allá de ser exitosos están cumpliendo su propósito, ese que fue impregnado en sus fibras las que forman su cuerpo floral.

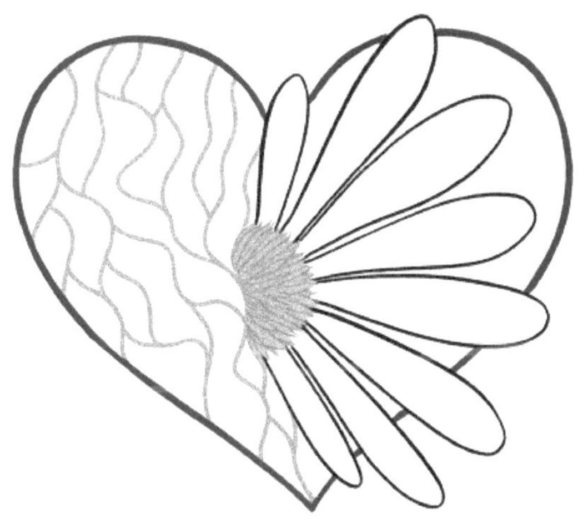

6. En las solitarias noches

En las solitarias noches iluminadas por las constelaciones duerme airosa mi inflorescencia esperando el nuevo amanecer lleno de retos y desafíos todos contribuyentes de peldaños rumbo al éxito; esa es su mentalidad exitosa no por materialidad sino por la congruencia de sus valores: elementos clave de su personalidad, calidad humana, libertad y autonomía personal. Traza su bienestar, su plenitud y paz mental, así como los rayos dorados de la estrella mayor alcanzan los confines del planeta; así de intensas son sus convicciones e ideales. Nada mal para una sencilla flor en la que nadie cree, pero quien la mira minuciosamente no solo vuelve a creer sino que se inspira en ella porque siendo tan pequeña tiene la capacidad de aportar una enorme fragancia con detallados extractos que matizan el entorno de sus admiradores para bien, para dar frescura, efluvio sutil pero duradero.

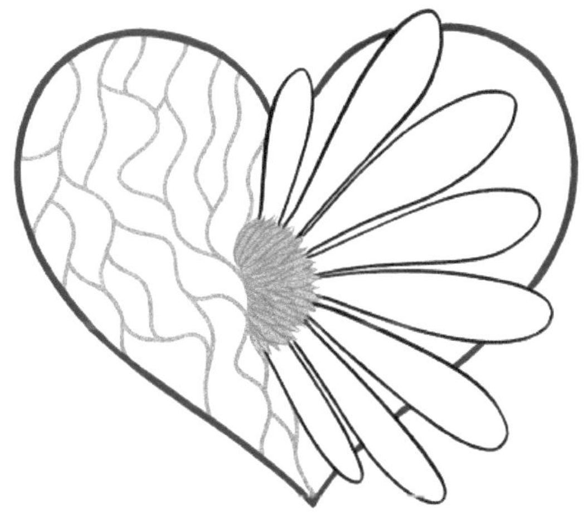

7. Así mira mi corazón de margarita

Así mira mi corazón de margarita: el verdadero significado de lo que hoy no significa es lo que le da valor a su floración. Lo que se ha perdido en el mundo lo intentan rescatar sus células para regenerar sus más íntimos flósculos, con unas pinceladas de heliotropismo miran sus ojos orientada en la dirección correcta; es que trata, insiste y persiste porque quiere verse donde se idealiza, afirma como si ya pasara, porque nunca es tarde para soñar. No es vanidad; es auténtica forma de percibir su entorno y lo que realmente quiere experimentar, lo que la motiva a seguir firme sin demostrar a nadie más que a ella que si hay ahínco en sobremanera y confianza suficiente hay también posibilidades, caminos abiertos para obtener logros cargados de experiencias. Todo en ella se trata de estar un paso adelante pero a la vez, y sin presionar su proceso porque le gusta disfrutarlo adquiere todo lo indispensable para su ciclo vital.

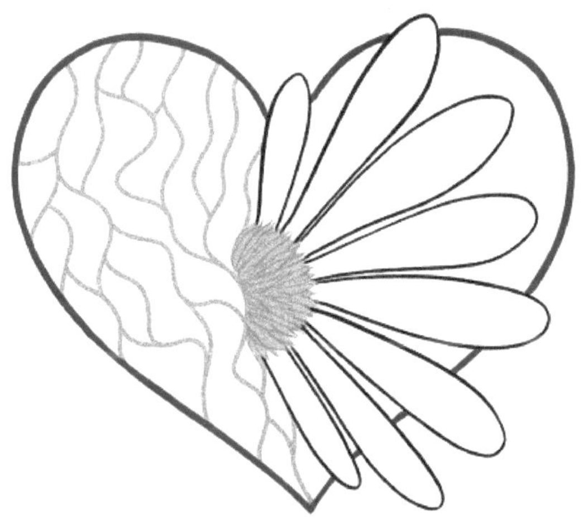

8. Con dedicación intuitiva

Con dedicación intuitiva forja una brecha para dar paso a sus pensamientos más originales, esos que conllevan un arduo trabajo y perfeccionamiento pero que valen la pena en todo sentido porque todo lo bueno tarda en llegar pero cuando toca el suelo y penetra su raíz axonomorfa distribuye su pacífica alma a través de los rizomas llegando a su más alto pensamiento rizomático. No actúa con desdén; solo es una flor de hueso existiendo, tratando de subsistir porque no es indiferente al mundo que la rodea, pero entre tanto y tantos solo quiere vivir, sentir, respirar, tener un equilibrio inter externo con capacidades impulsadas a través de sus latidos más sinceros y auténticos. Con esta hermosa inspiración perla, tan brillante, aura sencilla, belleza natural que realza su nobleza, su alegría y sencillez, lleva la esperanza y la lealtad en su delicada estructura que aún estando matizada de varios colores es pintada de alegría, amor e inocencia.

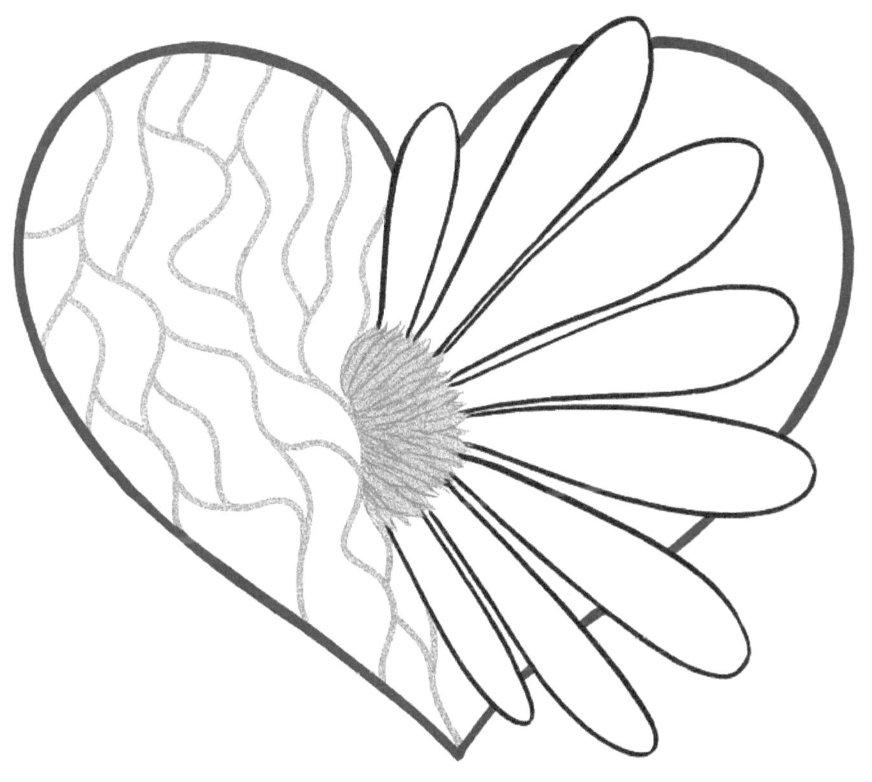

ACERCA DE LA AUTORA

Lidieisy Ávalos Pérez es una escritora apasionada por las emociones, la sensibilidad y la belleza de lo simple. Su obra *Mi corazón de margarita* nace desde el alma, con el deseo profundo de inspirar a otros a sanar, renacer y creer en sus propios sueños.

www.ingramcontent.com/pod-product-compliance
Lightning Source LLC
LaVergne TN
LVHW052311100826
845147LV00006B/726

9798994228012